LE SEUL MOYEN D'ÉVITER

A JAMAIS

LE RETOUR

DE

L'AFFREUSE CHERTÉ

DES VIVRES.

LE SEUL MOYEN D'ÉVITER

A JAMAIS

LE RETOUR

DE

L'AFFREUSE CHERTÉ

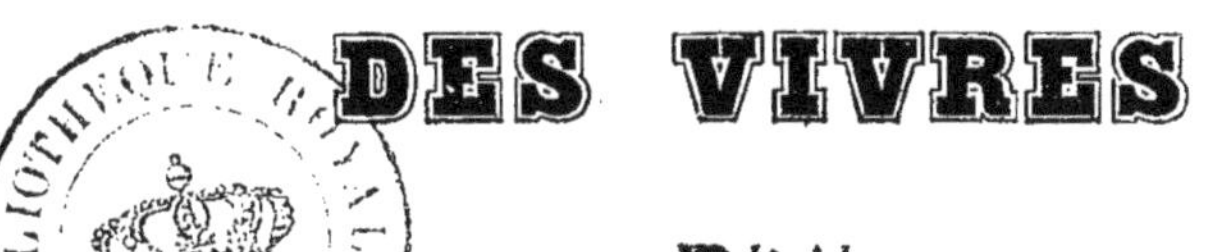

DES VIVRES

Dédié

AU BON ROI QUI AIME LE PEUPLE, A TOUS LES MINISTRES DES GOUVERNEMENTS ET AUX GRANDS DU MONDE.

Par l'Auteur de LES MÉDECINS DÉVOILÉS

INVENTEUR DU SYSTÈME DÉPURATIF VÉGÉTAL CONTRE LES MALADIES ABANDONNÉES ET CAUSÉES PAR L'IGNORANCE DE LA MÉDECINE DITE LÉGALE.

Ce n'est pas par la Providence que tant de misère pèse sur l'espèce humaine; ce n'est que par l'incurie et le mauvais vouloir des gouvernements

PARIS

CHEZ LEMANCEL, LIBRAIRE, QUAI AUX FLEURS, 13.

1847.

LE

SEUL MOYEN D'ÉVITER

A JAMAIS

LE RETOUR DE L'AFFREUSE CHERTÉ DES VIVRES.

Quand des ministres paraissent peu soucieux de la misère du présent et des malheurs qui doivent s'ensuivre, que ces ministres ne craignent pas de mépriser les hommes, et les conseils qui leur sont donnés pour calmer les trop grands maux du présent et éviter à jamais leur réapparition, si l'on réunissait de tout le royaume, pour former un congrès, tous les hommes les plus philanthropes, très chrétiens, charitables, et fort instruits dans l'art agricole, qui comprennent bien les horribles souffrances que peut causer la faim, les malheurs et même les crimes qui peuvent en résulter, qu'il n'y eût dans cette réunion que des hommes qui tiennent franchement à la durée du gouvernement, qu'il leur fût permis d'éclairer le Roi sur l'incurie de pareils ministres, il est facile de deviner ce que le Roi en aurait bientôt décidé.

Il est pourtant vrai que de tous les souverains tombés, tous avaient des ministres. Soit par l'infâme orgueil de ces derniers, ou par trahison, ou par incapacité, le souverain et sa famille n'en sont pas moins frappés, et il est rare de voir ces mauvais ministres en mourir de chagrin.

Pour éviter aux hommes bien pensants de perdre leur temps, à donner de bons conseils aux ministres du gouvernement, je vais mettre sous les yeux du lecteur trois mémoires, dont deux au ministre de l'agriculture et du commerce, et l'autre au ministre des finances; le premier, qui suit, adressé à la mi-juillet 1845.

MÉMOIRE

ADRESSÉ

AU MINISTRE DE L'AGRICULTURE ET DU COMMERCE,

Mi-Juillet 1845.

(RESTÉ SANS RÉPONSE.)

Toujours les étés trop humides amènent des pertes si considérables que personne peut-être n'a jamais songé à calculer. Trouver le moyen d'en diminuer le chiffre énorme, ne fût-ce que de moitié, serait un service rendu à toute la société, puisque les mauvais résultats frappent et le pauvre et le riche. Autant il est difficile d'exempter les fourrages, dits foins, des avaries que peuvent causer les pluies, autant il est facile de préserver tous les grains et leurs pailles, et de leur donner plus de qualité. Les pailles sont plus belles et plus nourrissantes; le pain fait de ces grains, tels que le blé, le seigle, l'orge, est plus beau, plus nourrissant, et contient une saveur qu'on ne trouve pas dans les grains qui n'ont pas subi ce mode.

Il est vrai que déjà bien des départements ne craignent plus les pluies dans leurs maisons, parce qu'ils emploient des moyens qui garantissent leurs récoltes des avaries; mais la plus grande partie des paysans cultivateurs sont si entêtés, qu'il faudrait presque les forcer pour les décider à se faire du bien.

Voici le mode de sûreté. Du jour où les grains sont mûrs, quand même on serait assuré d'une pluie de dix jours ou de dix nuits, on doit couper le grain, et dans la proportion qu'il y a dans la paille plus ou moins d'herbes de diverses natures; on fait une demi-gerbe, on la dresse sur son pied, puis on assemble autour des javelles représentant 6 à 10 gerbes, et avec une portion du plus long grain, on forme une gerbe qu'on ploie à la renverse, pour former un chaperon qui doit couvrir la petite mulette. Si l'on a affaire à de l'orge, on peut faire le chaperon avec une botte de paille, de seigle ou de blé, et l'avoine traitée de même, trois arpents en valent quatre pour le profit.

Voici le vieux mode encore en usage chez tant de paysans routiniers qu'on devrait nommer plus que sauvages. Autant que leurs grains sont mûrs, s'il y a mauvais temps, ils retardent pour le couper. De là perte dans la qualité des pailles comme nourriture, et quand coupé et pris par la pluie, il reste souvent des jours sur la terre, et par apparence de beau temps, des ouvriers armés d'une gaule de deux ou trois mètres, retournent les javelles le dessous par-dessus, et le temps continuant à être mauvais, ils sont forcés de renouveler l'opération; alors une grande partie du grain se détache des épis, et la paille et l'herbe qu'elle contient se trouvent traitées comme le chanvre; que doit-il en résulter pour ces animaux qui sont réduits à manger ces fourrages avariés? pour les femelles qui portent ou qui allaitent des petits, et toutes les sortes d'élèves d'un à trois ans forcés de manger de ces substances décomposées, peuvent-ils bien multiplier et embellir les races? C'est pourtant en faisant manger de telle nourriture aux moutons, aux bœufs, aux vaches et aux chevaux; c'est pourtant de ces substances que se forme le germe de tant de maladies, qui font languir et mourir le bétail de toute espèce, qui trop souvent dégénère en épidémie contagieuse.

Si les hommes savaient qu'on ne peut se nourrir ou de lait ou de beurre, ou de la chair de ces animaux, sans retenir chez soi une portion du vice qui forme la maladie contenue dans le sang de ces animaux !... Et les pauvres chevaux, combien en souffrent-ils pour leur part? La pousse, la morve, le vertigo, les maladies de la peau, l'aveuglement, etc.

Puisqu'il est bien prouvé que les pailles traitées comme je viens de le démontrer, sont une meilleure nourriture que les foins avariés, il est donc bien urgent que, par toute la France, ce mode soit appliqué; il faudrait, pour bien réussir, que M. le ministre de l'agriculture enjoignît à tous les préfets d'ordonner à tous les maires des communes rurales de faire connaître tous les moyens et les profits qu'on en peut tirer; que les maires, les adjoints, leurs conseillers, missent eux-mêmes les mains à l'œuvre; qu'ils menacent d'amendes, du mépris public, de la perte du droit à toutes indemnités les propriétaires qui mépriseraient ces moyens en laissant avarier ou périr leurs récoltes : c'est par ces mêmes conseils que j'ai donnés à M. le préfet des Ardennes en 1822, qu'il a fait publier cette méthode, qui, depuis ce temps, est en usage dans ce département.

Recevez, monsieur le ministre, etc.

DEHAUT.

Juillet 1845.

Il est vrai que trois jours après mon envoi à M. le ministre, un journal répéta une partie de mon mémoire, en invitant les autres journaux à en faire autant ; mais au nom probablement d'un illustre de ses amis.

MÉMOIRE

ADRESSÉ

AU MINISTRE DE L'AGRICULTURE

ET DU COMMERCE

Le 10 Janvier 1847.

(RESTÉ SANS RÉPONSE.)

S'il est beau pour un homme d'État de pouvoir réparer au profit du pays, les malheurs inévitables ou consommés, il l'est plus encore, sans doute, de prévenir par des mesures de prévoyance sages et éclairées, ceux que l'on prévoit à l'avance. Qu'adviendrait-il de la France, si, pendant plusieurs années de suite, la terre nous refusait la moitié seulement des céréales? Or, les pommes de terre donnent des produits d'alimentation pour au moins la moitié des céréales consommées en France.

L'emploi apparent de la fécule est immense; quant à la consommation cachée qui s'en fait, il n'est pas facile de la connaître: on sait seulement qu'il s'en consomme pour des millions de francs, rien que pour la falsification d'un grand nombre de produits, et que cet emploi est encore, en grande partie, le secret des fabricants; ce que consomme la brasserie, la boulangerie, la distillerie, la fasification des vins, et ce qui est employé en remplacement de l'amidon des céréales, c'est pourtant sur ce dernier que les fabricants seraient forcés de se rejeter, si la terre continuait de nous refuser la quantité de pommes de terre nécessaire à tous ces besoins.

En 1845, la maladie de ces tubercules ne s'est montrée que pendant la végétation, et, pour la dernière récolte, après la maturation Qui pourrait dire ce qui adviendra de la récolte de 1847? Qui sait s'il n'en est pas de cette génération comme de celle de ces fortes races d'hommes, d'animaux ou de végétaux, qui, après avoir, dans les temps anciens, habité notre sol, en ont disparu, et dont on ne trouve plus que les débris?

Qui sait si elle ne touche pas à sa fin? Mais il nous reste une bonne espérance, c'est que les pommes de terre longues-rouges hâtives, qui ont été importées d'Amérique en France au commencement de ce siècle, n'ont encore paru éprouver aucune des maladies dont on a vu frappées pour ainsi dire d'année en année, et dans les localités les plus diverses, les autres espèces importées dans le courant du siècle dernier.

Cette différence n'est-elle pas due à la date plus récente de son importation? La pomme de terre est connue en Europe depuis un siècle environ; si, par malheur, la durée de cette génération ne pouvait dépasser cette époque, il serait bien pressant d'aviser sans retard aux moyens de parer aux malheurs que leur disparition ne manquerait pas de nous faire éprouver.

Ces moyens... ils se présentent naturellement. D'après ce que je viens de dire, je suis convaincu qu'on peut, avec de nouveaux plants d'Amérique, renouveler l'ancienne génération qui menace de s'éteindre.

Parmi les bienfaiteurs de notre pays, PARMENTIER brille au premier rangs; on seul titre, et il est grand, est d'avoir réussi à y propager la culture de la pomme de terre. Quelle reconnaissance ne serait point réservée à l'homme (et cette gloire, monsieur le ministre, pourrait être la vôtre) qui nous rendrait dans son intégrité cette richesse déjà en partie perdue? Je ne sais qui pourrait trouver le chiffre énorme des pertes qu'a fait éprouver à la France dans ces deux dernières années la maladie du précieux tubercule. Quoique la moitié n'ait pas été attaquée, on peut prouver qu'au moins le quart des animaux nourris et mangés en France sont engraissés avec des pommes de terre ou leurs résidus ; la moitié de ces quantités de viandes grasses doit donc nous manquer, et malheureusement être remplacée par des viandes maigres ou malades, et les terres qui auraient été amendées par les fumiers de ces animaux qui auraient dû être engraissés, quelle moisson donneraient-elles ? et la perte du jeune bétail qu'on ne peut ni élever, ni faire développer, faute de nourriture.

Voici les moyens que je trouve pour arrêter les progrès de si grands désastres : faire venir d'ici au commencement d'avril prochain quelques centaines de tonnes de pommes de terre de l'Amérique et de différentes espèces ; tenir à celles qui viennent les plus grosses ; choisir, pour avoir plus à planter, les plus petites de chaque espèce, ne fussent-elles que comme des noix ou des noisettes, et si l'on pouvait avoir des semences, il y aurait économie. Il serait bien aussi d'en faire venir des provinces les plus chaudes de l'Espagne et du Portugal ; il en serait envoyé une part à chaque préfet des départements dans lesquels cette culture est le plus en vigueur, pour être distribuée à des cultivateurs choisis. On leur donnerait plusieurs modes à suivre pour la grande réussite. Il est facile de composer pour toutes les espèces que possède encore la France différents engrais, et en peu de jours, pour être jetés sur chaque plante au moment de l'ensemencement, et qui devraient garantir ce tubercule de toute maladie ; et puisque tout ce qui a été écrit et publié par les hommes auxquels on veut bien donner le nom de savants, n'a pu indiquer de remède au mal qui nous frappe et nous menace à la fois, il est donc prudent et pressant d'agir.

Les moyens que je propose sont faciles et de petite dépense, et dans le cas où le fléau qui nous menace viendrait à disparaître, il vous en resterait toujours, monsieur le ministre, le mérite de la prévoyance, et les bonnes espèces importées qui ne manqueraient pas d'être une richesse pour le pays.

Voilà, monsieur le ministre, quelles sont les vues que mon devoir d'homme et de citoyen m'a fait une loi de vous soumettre. Quant à moi, heureux de seconder, selon mes moyens, une entreprise dont j'attends fermement les plus heureux résultats pour toute la société, je mets dès ce moment à votre disposition quelques hectares de terre, situés de l'Ile-Adam à Beaumont (Oise), ainsi que mon temps et le fruit de quelque expérience acquise dans la culture, pour faire tous les essais possibles.

Recevez, monsieur le ministre, etc.

DEHAUT.

10 Janvier 1846.

Si cet homme tenait à notre gouvernement, au bonheur du Roi et de la nation, ne m'aurait-il pas demandé avec quoi et comment je prétendais composer un engrais productif et préservatif.

Ma réponse, la voici : avec ce que je sais, et les conseils de cent hommes versés dans l'art agricole, on pourrait rassembler assez de moyens pour nous rassurer.

MÉMOIRE

ADRESSÉ

AU MINISTRE DES FINANCES

Le 13 Mai 1846.

(RESTÉ SANS RÉPONSE.)

Depuis trop longtemps, tous les hommes qui ont écrit pour l'agriculture, tous membres des comices, tous les hommes qui s'occupent de cet art, et avec eux tous les nourrisseurs, et ceux qui font commerce de bétail, et conjointement avec la plus forte partie du peuple de France, demandent la suppression de l'impôt du sel. Tous ces demandeurs croient, chacun à sa manière, y trouver abondance et bonheur, et moi aussi, et plus que tous ceux qui ont écrit, crié, murmuré contre cet impôt, j'y trouve abondance, richesse et bonheur, non pas seulement parce que les productions de la terre seraient plus abondantes et de meilleure nature, que les troupeaux de toute espèce de bétail se multiplieraient, que leur chair serait plus nourrissante, que les hommes ne seraient plus si assujettis de manger des animaux malades et souvent morts; mais parce que je sais que l'impôt qui pèse sur les choses qui sont rigoureusement de première nécessité et sur toute matière qui, sans impôt, pourrait multiplier des ressources utiles à toute la société, que ces sortes d'impôt sont comme de l'argent maudit, qu'ils font toujours haïr le gouvernement qui les maintient, et que le peuple est presque toujours disposé à concourir à la chute du chef de pareils gouvernements, et seulement dans l'espoir que le successeur abolira l'impôt qui paraît monstrueux.

L'impôt du sel n'était pas pour peu de chose dans l'éclat unanime de la grande colère que le peuple français a montrée en 89; plus de la moitié de l'amour que les Français avaient pour Napoléon a été éteint par l'impôt du sel, que le gouvernement promettait de supprimer depuis bien des années. Les promesses faites au peuple dans les trois jours de 1830, sur l'abolition de cet impôt, ont déterminé bien des pacifications, et puisque la stabilité est si nécessaire pour le bonheur de la France, il est bien pressant de trouver des moyens de créer des impôts qui se payeraient de bonne volonté, pour remplacer ceux qui font tant murmurer.

Je crois avoir trouvé déjà plusieurs de ces moyens, suivant les démonstrations faites par les écrivains et orateurs qui ont parlé contre cet impôt. Le sel, bien mélangé aux engrais, et parfois seul, peut toujours assurer les végétations, grossir les récoltes de moitié, ou au moins du quart. Pour ce qui est des chevaux, comme le sel bien mélangé à leurs fourrages, à leur boisson, ne manquerait pas de les rendre plus vigoureux, en les préservant de bien des maladies, d'allonger leur vie, et de diminuer la dépense des médicaments, dont on aurait alors rarement besoin.

Pour ce qui regarde l'espèce bovine, les abolitionistes de l'impôt n'ont-ils pas, après avoir bien démontré les avantages que pourrait procurer l'usage du sel sur ces animaux, voulu prouver qu'un kilogramme procurerait dix kilogrammes de viande? N'ont-ils pas suffisamment prouvé que, pour l'espèce ovine, beaucoup de maladies qui la frappent disparaîtraient? que leur chair serait de meilleure qualité, ainsi que leur laine? et, pour l'espèce porcine, j'ajoute que l'usage du sel donnerait des avantages presque incroyables. Alors le gouvernement pourrait, avec bonne justice, droit et raison, demander 1 fr. ou 50 cent. pour chaque arpent de terre en culture, prairies de rivières ou artificielles. Qu'est-ce qu'un franc ici pour le grand rapport que le sel peut procurer? Qui oserait se plaindre de payer un franc par cheval, jument ou poulain? Qui voudrait se récrier de payer 50 cent. par bœuf, vache ou veau sevré; 20 à 25 c. par mouton, brebis, agneau ou chèvre; 15 à 20 cent. pour toute sorte de porcs, à l'exception des petits qui ne sont pas encore sevrés?

Tous les ans, la première semaine de janvier, chaque maire ferait faire le recensement des animaux de sa commune, et, de ce moment, le montant de cet impôt serait dû par les propriétaires et prélevé par les percepteurs, et n'importe en quelles mains repasseraient les animaux, l'impôt ne pourrait plus être réclamé.

L'impôt de terre ne serait dû que par les personnes qui les posséderaient la première semaine de janvier; on donnerait à ce moyen de faire de l'argent, le nom de l'impôt du sel; 50 cent. ne devraient pas être trop pour les hommes; ils ne paioraient pas avant l'âge de quinze ans ni après cinquante; les femmes ne payeraient pas.

Si le gouvernement veut trouver bon ce premier plan, et en demander aux Chambres la réalisation, je promets de donner plusieurs autres moyens pour entretenir le Trésor, sans laisser à personne le droit de murmurer, car il arriverait le contraire.

Recevez, monsieur le Ministre, etc.

DEHAUT.

Rue de Valenciennes, 1.

13 mai 1846.

Comme il est bien prouvé, par des documents tirés du ministère des finances, que la France possède en terres labourables, vignes, prairies, vingt-sept millions d'hectares, en ne prenant qu'un franc par hectare, c'est donc vingt-sept millions d'assurés pour le Trésor; il est même croyable que les bons cultivateurs payeraient encore bien le double sans murmurer, et combien de millions d'hectares ne seraient-ils pas bientôt mis en culture? Et si l'on ajoutait les sommes que pourraient produire à un taux raisonnable les industries dans lesquelles le sel entre dans la fabrication? Et parce que les percepteurs pourraient, sans dépense, faire rentrer cet impôt dans le Trésor, les soixante-douze millions en vaudraient soixante-quinze pour le gouvernement.

Il est donc bien évident que le chiffre de tant par tête pour les animaux ferait peu de centimes, et comme il est bien prouvé que la France paie plus de cent millions par an pour les viandes, les suifs, les cuirs qu'elle achète à l'étranger, et que trois ou quatre ans suffiraient pour pouvoir s'en passer, le criminel impôt paraît encore bien plus monstrueux. En rendant le sel libre, il faudrait que le gouvernement se chargeât des arrivages, qu'il fît des lois sévères contre les falsificateurs et les accapareurs. Si les fameux partisans de l'impôt du sel étaient seulement condamnés à vivre un an sans qu'il pût entrer un atome de sel dans leurs aliments, on sait qu'ils sont déjà fort haïs, mais ils deviendraient si laids, qu'ils seraient forcés de se cacher, et la société en serait débarrassée.

Les imprudents économistes qui demandent l'abolition de l'impôt sur les animaux étrangers ne comprennent donc pas la perte qu'il y aurait pour le Trésor, et le découragement qui frapperait nos éleveurs.

C'est en vain que les comices de toute la France dépensent leur temps et leur argent pour enrichir le pays des trésors que peut lui donner l'agriculture; s'ils ne reçoivent les grandes protections que le gouvernement peut seul lui donner, c'est en vain qu'ils formuleront des mémoires, qu'ils adresseront leurs travaux aux ministres, tant que ces derniers méprisant les hommes et leurs conseils paraîtront plutôt craindre l'abondance que la disette; c'est en vain qu'ils travailleront, tant que le monstrueux impôt du sel ne sera pas aboli, et encore, après avoir trouvé les plus puissants moyens, de donner la plus forte vie à toute la végétation, si on n'en distribue pas un exemplaire à toutes les familles du royaume (j'en excepte les habitants des villes), et bien clairement expliqué, en termes les plus vulgaires, je ne sais encore à quoi pourraient servir leurs œuvres.

Mais je sais qu'en peu de temps, et avec moins du quart des sommes qu'a dépensées le gouvernement, en y réunissant même ce qu'ont produit les charités un peu forcées, pour secourir les malheureux frappés par la misère qui n'est que très peu effacée, on peut obtenir de la terre suffisamment pour faire oublier ces deux misérables mots : PAUVRETÉ, MENDICITÉ.

Il est facile de voir que presque tout ce que M. le ministre de l'agriculture a bien voulu publier sur l'amélioration de l'art agricole, n'est que fabuleux. (Extrait d'un journal, 11 juillet 1846.)

On annonce que le ministre va adresser une circulaire aux préfets, au sujet de la création de dispensaires vétérinaires, pour donner gratis des soins au bétail malade des pauvres ; on dit que cette mesure est depuis longtemps réclamée.

REMARQUE :

Il y a un an que j'ai adressé à M. le ministre de l'agriculture une brochure dans laquelle j'offre de donner les moyens de guérir, de préserver toutes les espèces d'animaux de maladies, d'épidémies, de contagions, sans le secours du vétérinaire. J'ai fait les mêmes offres pour l'espèce humaine, à l'effet de faire rejeter le projet de médecins cantonnaux ; il se trouve cependant dans ces offres bien de l'économie et du bonheur.

Le 5 ou le 6 juillet, le ministre du commerce a donné des ordres aux préfets pour la propagation des sangsues, et défendre de livrer au commerce celles qui ne pèsent pas deux grammes ; comme j'ai bien démontré dans ma brochure qu'on ne peut pas employer de sangsues sans commettre un crime, on voit que M. le ministre aime mieux propager les sangsues que les pommes de terre ; la preuve est dans le mémoire sur les moyens de faire reparaître ce précieux tubercule en une deuxième génération, que je lui ai adressé le 10 janvier 1847, et resté sans réponse.

M. le ministre de l'agriculture vient de créer un prix de 3,000 francs, pour encourager les semis de pommes de terre, quoiqu'il ait été transmis à l'Académie de nombreuses attestations d'agriculteurs qui ont vu des semis de pommes de terre reproduire cette année la maladie de l'an passé. Quoique cet encouragement soit fort bon, il y a pourtant dans mon mémoire sur les tubercules quelque chose à gagner, qui vaut plus que son prix de 3,000 francs.

Le 13 mai 1846, j'adressai à M. le ministre de l'agriculture le mémoire ci-joint, sur l'impôt du sel ; il fut renvoyé au ministre des finances ; en bon père de l'agriculture, n'aurait-il pas dû en tirer parti ? Après avoir lu attentivement le premier mémoire à M. le ministre de l'agriculture, vers la mi-juillet 1845, lequel est resté sans réponse, il est facile de voir combien de millions de perte l'exécution du plan de ce mémoire aurait pu sauver, par la quantité de toute espèce de grains avariés par les pluies continuelles des mois de juillet, août et septembre, par la quantité de bétail qui, faute de bonne nourriture, est restée chétive, et le nombre de petits qui n'ont pu être élevés : que ces pertes sont irréparables !

Si l'on mettait sous les yeux de toute la nation, tous les bons conseils et ouvrages qui ont été donnés aux ministres de l'agriculture et des finances, dans le but de procurer le bonheur et la richesse, pour le plus grand bien de toute la nation, et ce qu'a pu coûter de temps, de tourments et d'argent à leurs auteurs, il serait curieux de voir le jugement que le peuple pourrait en faire.

Comme il y a déjà bien des années que, dans toute la France, et même chez nos voisins, un grand nombre de beaux messieurs se réunissent en comices et congrès agricoles, qu'ils s'enorgueillissent de porter le beau titre de membres de cette savante société qui, pour détruire la misère qui menace une partie de l'Europe, n'a pas encore fait le premier pas, il y aurait donc folie à se reposer sur de pareils génies.

De toutes les questions qui doivent occuper les Chambres, est-ce qu'il y en a de plus pressantes que d'assurer pour l'avenir la tranquillité de tout le peuple ? Le moyen le plus sûr n'est-il pas de mettre tout ce qui est de première nécessité pour la vie au plus bas prix possible ? Est-ce que ce n'est pas une chose des plus rares, que de voir des personnes qui ont du pain assuré sortir pour voler des pommes de terre, du blé, ou faire des émeutes ? Est-ce qu'il y a des moyens moins coûteux et plus faciles encore, que de faire reparaître dans notre France une nouvelle génération de pommes de terre, et de préserver celles d'aujourd'hui des maladies qui les attaquent, par des préparations d'engrais qui pourraient les rendre inattaquables? Est-ce qu'il y a un moyen plus riche, pour assurer d'abondantes moissons de toute espèce de céréales, de fourrages, pour multiplier les troupeaux, qui ne manqueraient pas, dès la première année, d'abaisser le prix des viandes, et à la troisième, d'arriver à la moitié du prix d'aujourd'hui? Est-ce qu'il y a, dis-je, un moyen plus prompt que de supprimer l'infernal impôt du sel? (C'est bien là le mot, car le Dieu de la nature l'a mis en abondance dans la terre et dans la mer, pour la conservation des animaux et des végétaux.)

Est-ce que dans le mémoire sur l'impôt du sel, que j'ai adressé à MM. les ministres de l'agriculture et des finances, je ne prouve pas qu'on peut aisément donner au Trésor 75 ou 80 millions en remplacement des 72 que le monstrueux impôt rapporte, sans compter l'énorme chiffre qu'il faut payer pour la perception; et par les moyens que je donne, cet impôt serait payé sans murmurer, et arriverait dans les caisses sans dépenses. (Quoique je donne la première semaine de janvier pour assurer le montant de l'impôt, rien n'empêche que l'on commence aujourd'hui.)

A voir l'obstination de ces deux ministres à refuser les moyens de faire paraître le bonheur en place de la misère, on pourrait être tenté de croire qu'ils ne sont pas les amis du Roi ni du peuple; des ministres honnêtes ne doivent-ils pas faire leur possible pour faire beaucoup d'amis au Roi? Les gens qui souffrent de la cherté des vivres ne font-ils pas toujours tomber leurs murmures et leurs malédictions sur le Roi, quoiqu'il fasse pour mériter le contraire? Ces ministres ne savent-ils pas que, comme tous les rois de haute intelligence, Louis-Philippe a aussi des ennemis, qui assurément ne manquent pas de se réjouir de la grande misère d'aujourd'hui, et peut-être de la provoquer pour arriver à leur fatal dessein? Non, le roi ne connaît pas les douleurs de la France! Non, on ne lui dit pas ce qu'il faut faire pour les guérir!

Puisque la terre est la mère des végétaux et des animaux, et que ces derniers ne peuvent exister sans les premiers; puisque les hommes même les plus dénaturés n'oseraient pas lui refuser le titre de la meilleure des mères, qui ne refuse jamais à celui qui vient lui demander; puisque les chefs de tout gouvernement ont pour premier titre : *Pères du Peuple*, et que leur premier devoir est de s'assurer qu'aucun des membres de leur grande famille ne puisse être atteint des souffrances de la faim; mais aussi, dans le cas contraire, leurs sujets languissant par les privations de l'indispensable nécessaire, seront toujours poussés à maudire d'aussi mauvais pères. Or, les Rois, comme bons pères, doivent faire alliance avec la terre, la plus riche et la meilleure des mères, et donner à chacun de leurs enfants assez d'instruction pour en obtenir le premier nécessaire ; et pour que les souverains puissent avoir le bonheur d'accomplir le plus grand, le plus sacré de leurs devoirs, il faudrait que l'on pût, de tous les hommes qui les entourent, leur faire voir ceux qui ont l'âme noire et le cœur féroce. (J'en ai trouvé le secret.)

Comme ce serait une belle trouvaille de connaître les moyens de chasser de dessus la terre cette infâme et hideuse faim! trouvaille qui vaudrait, pour son mérite, des millions de plus que les valeurs attribués aux découvertes du plus grand nombre des physiciens, chimistes, astronomes; j'y comprends même les fameux Arago, Le Verrier, etc., etc., etc.

En attendant qu'il vienne au gouvernement l'idée de convoquer un congrès de vrais philanthropes, de grands savants dans l'art agricole, qui apporteraient chacun une pierre à l'édifice de l'agriculture, le seul moyen qui puisse procurer la véritable paix dans chaque nation et assurer le parfait bonheur des familles régnantes.

Je vais essayer, suivant mes faibles moyens, d'ébaucher un ouvrage que de vrais savants pourront achever pour le plus grand bonheur de l'humanité.

Aux familles les plus pauvres de tous les villages et villes champêtres du royaume, il faudrait donner à chacun au moins un demi hectare de terre pour y cultiver suivant les plans que je vais donner. Pour les communes qui possèdent de la terre, on pourrait la donner pour deux ou trois ans sans intérêts; alors les familles, sorties de la grande pauvreté, payeraient une petite rente à la commune, ou la terre serait donnée à d'autres familles tombées dans l'indigence. Pour les communes qui ne possèdent pas de terrain, les autorités pourraient en louer pour les partager à leurs indigents.

S'il setrouvait de ces pauvres qui n'ont pas de temps, qui manquent de forces pour préparer leurs terres, le pasteur, le maire de la commune, pourraient engager d'honnêtes cultivateurs à faire le labourage une matinée du dimanche par charité, et de même transporter les engrais que ces pauvres gens auraient pu former. Ainsi, par l'aide de personnes charitables, on leur procurerait des outils, tels que bêches, pioches, rateaux; on leur donnerait des semences, on leur ferait comprendre qu'il est rigoureusement nécessaire de former une petite masse d'engrais sur leurs terres ; il devrait y avoir un tonneau aussi grand que possible destiné à cet usage (une pièce ou une demi-pièce de bourgogne, ou au moins une tonne à huile) près du tas de fumier, et, dans le cours de l'année, ne pas manquer de ramasser tout ce qui peut faire de l'engrais, toutes les sortes de plantes qu'on n'est pas dans l'usage de faire manger aux animaux, celles qu'on jette chaque jour des champs cultivés ; les étangs, les mares, les rivières fournissent des engrais ; la mousse des forêts, des feuilles, des genets, des bruyères, la fiente de tous les animaux qu'on trouve sur les grands chemins, les boues grasses des rues, des fossés, toutes ces substances mises et arrangées en un tas, entouré de terres pour éviter la perte de l'amoniac qui s'y forme. Tous les débris du ménage doivent être soigneusement ramassés ; les urines, les matières fécales seraient portées dans la tonne, qui serait enterrée, autant que cela serait possible ; on y porterait des égoûts de fumier, on y jetterait la suie des cheminées, de la chaux, des vieux cuirs, des animaux morts, tels que chiens, chats, les volailles, les lessives qui ont blanchi le linge, les eaux de savon, etc., etc., etc. Le produit de cette tonne se nommerait *engrais liquide* ; il servirait parfois à arroser la masse de fumier pour former la qualité. Alors nous allons planter et semer.

Je regarde la terre comme très-maigre, n'ayant que fort peu d'engrais : on plante la moitié du demi-hectare en pommes de terre, on espace les plantes de 30 centimètres, on forme un trou rond ou carré d'environ 10 à 12 centimètres, ou un peu moins creux, suivant que l'engrais est gras ou sec ; on en met une ou deux poignées dans la fosse, et on place au milieu le plant de pommes de terre, parce que jamais ces tubercules ne poussent par les deux bouts. On doit les couper par deux, trois ou quatre morceaux ; un suffit pour une plante. Quand on n'en a que de grosses à planter, on doit, par économie, couper pour planter le seul bout qui pousserait si le tubercule était entier; deux ou trois de ces bouts font une forte plante ; quand on a des espèces qui ont beaucoup d'œils, on peut les couper en six ou huit pour deux plantes; quand on ne craint plus la gelée, il ne faut les couvrir que très-peu, parce qu'elles sont plus tôt levées, et qu'en les travaillant elles se trouvent souvent assez enterrées pour n'avoir pas besoin d'être buttées; pour le semis de pommes de terre, on fait un rayon de huit à dix centimètres de creux et à peu près autant de large, on y répand l'engrais selon qu'il est puissant, on le recouvre d'un peu de terre bien meuble, on sème fort légèrement, on recouvre la semence d'un peu de terre, et quand elle est levée et haute de quatre ou six centimètres, on arrache ce qu'il y a de trop pour ne laisser qu'une tige à quatre ou cinq centimètres de distance, et quand elles ont acquis dix ou quinze centimètres, on les butte; et si on avait une terre plus amendée et bien meuble, on sèmerait en rayons sans mettre d'engrais. On pourrait ranimer une végétation languissante par un arrosement d'engrais liquide.

Les pois doivent se semer en rayons avec le même engrais, et quand on en a cueilli environ la moitié, on arrose le pied avec l'engrais liquide, ce qui donne souvent deux ou trois fois la récolte ordinaire. Les haricots se traitent de même, mais on n'en doit garder que deux ou trois tiges à chaque plante; si l'on avait des rames, on mettrait une ligne à pied et une à éticot. Les choux de toute espèce se plantent au trou, comme les pommes de terre : on peut les rendre vigoureux avec l'engrais liquide. Les grosses espèces de laitues, de chicons, se replantent en rayons sur l'engrais, et on se sert du liquide pour les forcer; on sème de même les grosses espèces de navets. Pour les carottes et les panais, on doit bêcher la terre fort creux, les mettre en rayons et les arroser plusieurs fois; les panais, placés à dix ou douze centimètres, deviennent fort gros, et donnent une riche nourriture. Les personnes de chaque commune, les plus à l'aise et les mieux pensantes, pourraient avoir toujours du plant : comme choux cabus, laitues, romaines, chicorées, escaroles, pour donner à ces pauvres gens. Il est facile de voir que de bonheur on procurerait avec de très-petites dépenses ; il y a des personnes qui ont la passion des cabarets, qui bientôt les oublieraient pour soigner leur culture. On pourrait leur donner un petit porc de six à dix francs, qu'ils pourraient élever en faisant cuire différentes choses de leurs produits.

Si la maladie des pommes de terre continue, par les moyens que je vais donner on sera assuré de les pouvoir conserver.

Voici une sorte de boisson qui peut remplacer le vin, le cidre et la bière, entretenir les forces et la santé : de la reine des près, cueillie dans le temps de sa fleur (toute la plante sert), les feuilles et les fleurs d'ypericum ou millepertuis, séchées et conservées dans de doubles sacs de papier ou dans des boîtes; on prend de l'un et de l'autre à volonté, suivant son goût; on fait bouillir, par exemple, trente grammes de chaque dans deux litres d'eau; on place l'herbe cuite dans un petit sac de toile, on met tout dans un vase, on y ajoute un peu de bois de réglisse et de l'eau froide à volonté ; une portion d'avoine, trempée et lavée dans l'eau bouillante pour lui enlever son goût fort, bouilli avec les plantes, rendrait la boisson plus nourrissante ; ces plantes sont si communes, qu'on trouverait partout des personnes pour les indiquer. Je désirerais que chaque personne cultivât quelques plantes de saponaire, pour servir de savon à nettoyer les habits ; je voudrais que le prêtre de chaque commune composât des médicaments pour donner aux pauvres. Je n'en donnerai qu'un à présent, quoique pour tous les maux j'en aie suffisamment.

Une poignée d'ypericum ou millepertuis (moitié fleurs), idem de sauge, d'origan, une poignée d'écorce verte de sureau, le tout infusé (à chaud) dix à quinze jours dans un litre d'huile à manger, de chanvre ou de noix, et tiré par expression, peut fortifier les parties faibles, apaiser les douleurs, guérir les plaies, fondre des abcès par des frictions et des compresses. En fondant dans ce baume de la cire, de la résine de pin, on aura un onguent propre à toutes les plaies ; en y ajoutant de la poix de cordonnier, on peut faire mûrir et guérir tous clous, apostèmes, abcès, même des bubons; mais, dans tous les cas, les bonnes purgations sont réclamées.

Ce n'est pas par avarice que je ne donne pas davantage, c'est parce que je manque de protections.

De toutes les terres que le gouvernement destine au reboisement, on pourrait tirer des nourritures immensément et avancer la végétation des arbres de plusieurs années; le gouvernement ferait la dépense de la première culture, soit par la pioche, soit par la charrue, suivant la nature du terrain et des espèces de bois; on planterait en lignes et on sèmerait en rayons, on donnerait à tous les hommes qui le désireraient, le droit de cultiver entre les lignes tout ce qui pourrait y bien croître, sans nuire à la jeune forêt; ils seraient tenus de garantir les plants et semis de toute espèce d'herbes; des inspecteurs visiteraient les semis, pour faire éclaircir ce qu'il y aurait de trop et en laisser suffisamment pour avoir de bons plans à placer dans des terrains apprêtés; le gouvernement ferait composer des engrais pour protéger la végétation de tout ce que les paysans pourraient planter et semer. Je crois que M. Turrel, l'héritier de Jauffret, est le seul bon pour cette grande opération.

Si, faute de plants ou de semences, les terrains étaient déjà mis en culture, le reboisement n'en serait que plus assuré; une plante de pomme de terre peut se placer entre deux lignes de bois, deux lignes de betteraves aussi; de même des carottes, des panais, des navets, une ligne de pois nains, de haricots à pied, deux rayons d'orge ou de sarrasin, de camomille, deux ou trois rayons de lin, etc., etc., etc., le tout traité comme je l'ai déjà dit plus haut. Cette sorte de culture aurait lieu deux ou trois ans, suivant la nature des terrains; les personnes qui prendraient le plus grand soin des plants et des semis, seraient récompensées par de nouveaux terrains qu'on leur donnerait à exploiter.

Je reviens à ce que je disais, relativement à l'alimentation.

Les escargots, petits et gros, les grenouilles, sont beaucoup plus substantiels que les viandes de bœuf et de mouton, et ces deux espèces de petites bêtes ne coûtent aucun soin à nourrir; tout le monde sait qu'elles sont ordonnées pour rétablir des malades souvent abandonnés. On peut faire cuire les grenouilles et escargots avec toute sorte d'aliments, même en faire la soupe. On prend les escargots bien nourris, on les jette dans de l'eau bouillante, on les arrache de leurs coquilles avec la pointe d'un canif, on leur ouvre le ventre, et on jette ce qu'on y trouve de nourriture, on les lave dans de l'eau fraîche ; dix à douze de la grosse espèce peuvent suffire pour un homme ; il ne faut jamais les faire jeûner. Les grenouilles se tuent comme un oiseau ou un lapin : on arrache la peau, on jette les entrailles et le fiel ; cinq ou six pour une personne sont bien suffisantes. Puisqu'on ne peut repousser cette riche nourriture, sans mépriser les œuvres du Créateur, bénissez-le donc, et vous mériterez les secours de sa Providence.

Les plantes de dent-de-lion, ou pissenlit, les laiterons qu'on trouve dans beaucoup de champs au printemps, les salsifit, ou barbe-de-bouc, feuilles et racines, qu'on trouve dans les prairies et lieux herbeux, le plantain, le tabouret ou boursette, le cresson d'eau, les feuilles de patience (on doit jeter le premier bouillon), les orties, les feuilles de primevèrte, les scabieuses douces des prairies, les petites espèces de moutarde ou navets sauvages qui poussent dans les orges et avoines, les chardons aux ânes qui poussent dans les grains, les mourons à oiseaux, les feuilles d'orme, d'acacias, ainsi que leurs fleurs, les feuilles de cerisier à cerises noires (1), toute sorte de mauves ; les arroches ou bonne-dame, toutes ces substances sont nourrissantes quand on peut les choisir à son goût. Il y a sans doute beaucoup d'autres plantes à ajouter à cetableau ; que lse vrais humains se mettent donc à la recherche ; toutes les espèces de légumes connus, tous les farineux se peuvent mêler à nos plantes, les gras de bœuf, de mouton, sont supérieurs à toutes les autres graisses et viandes ; les racines de bryone qu'on trouve dans les haies, au pied des arbres dans les forêts, on trouve de ces racines qui pèsent de trois à dix kilogrammes, et, poids pour poids, on trouve le même aliment que dans la pomme de terre : on râpe ces racines, il n'y a pas de pauvres gens qui ne puissent, avec le fer-blanc d'un vase cassé et un gros clou, faire une râpe, l'attacher sur une planche pour râper ces racines dans un vase, y mettre de l'eau, la changer à chaque heure, jusqu'à ce qu'il n'y ait plus d'amer-

(1) Pour les ressources à tirer des feuilles d'arbres, on doit entendre que ce n'est que dans les premiers mois de la végétation.

tume; alors on peut faire sécher le produit, si l'on veut, pour en faire des bouillies, des potages, du pain mélangé avec d'autres farineux.

Les marrons d'Inde se traitent ainsi : on les écrase, on les lave jusqu'à ce que l'amertume soit disparue; on en fait des bouillies, des viandes, etc., etc., etc.

Voici les trois moyens les plus faciles pour conserver les pommes de terre pendant des années si l'on veut, ce qu'on ne devrait jamais oublier dans les années d'abondance :

1° On lave bien ces tubercules, on les pèle, on les râpe, on en sépare le jus en les mettant dans des sacs de toile suspendus; le jus est bon pour les animaux ; puis on les lave à deux ou trois eaux, et on les presse pour les faire sécher, en cet état; on en fait des bouillies, des soupes, des potages et du pain mélangé à d'autres grains;

2° On les pèle, on les coupe par tranches, on les trempe vingt ou vingt-quatre heures dans de l'eau un peu salée, on les enfile en chapelet, on les fait sécher ; mises en poudre, on les mêle au pain ;

3° On met les pommes de terre dans une marmite avec très-peu d'eau, pour qu'elles soient cuites par la vapeur ; on les pèle au plus vite, on les écrase en pâte, on les met dans un vase percé de trous de la largeur d'un chalumeau, on les fait sortir par pression, on les fait sécher pour faire toute sorte de potages; c'est la *Polenta*. Il serait bien urgent que dans tous les villages, il y eût un local, avec tous les ustensiles nécessaires à ces petites opérations, pour servir à tous les habitants de la commune ; une râpe en fer-blanc ou de tôle, assujettie sur un cylindre en bois, serait suffisante; une petite presse en bois pour faire la polenta, et une petite étuve : il n'y a pas de si pauvre commune qui ne puisse faire cette dépense.

Je soutiens que sur dix mille individus privés de pain, de viande et de vin, et réduits à ne se nourrir que de ces substances, tous acquéreraient de la santé, des forces et de la vigueur.

Je désire trouver des détracteurs qui me mettent au défi ; mais je veux qu'ils aient des sommes assez rondes pour couvrir les enjeux que je peux exposer pour garantie des vérités que j'avance.

Si, pour détruire la misère qui menace la nation et le gouvernement, si, enfin, pour ouvrir les yeux des gouvernants qui ne voient pas clair, un homme nous démontrait des moyens plus faciles et aussi assurés, je lui voterais des remercîments.

COPIE

D'UNE LETTRE ADRESSÉE A M. LE MINISTRE DE LA GUERRE.

Le 17 Juin 1847 (relative à une boisson).

Monsieur,

« Il me souvient d'avoir lu qu'un prix doit être décerné, pour encourager à trouver les moyens de composer une boisson pour remplacer le vin aux militaires. Ce n'est pas par l'appât des récompenses que j'ai cherché, c'est dans le seul but d'être utile à la nation tout entière.

» La boisson que j'ai l'honneur de vous proposer se compose de végétaux indigènes, et qui sont si abondants sur notre sol qu'il y en a assez pour alimenter les trente-quatre millions d'individus qui forment la nation française.

» Cette boisson a la couleur de la bière; le goût peut lui ressembler, si l'on veut, parce qu'on peut le varier à volonté; elle a la propriété de fortifier l'estomac, et peut entretenir le plus grand nombre en bonne santé. Le prix d'aujourd'hui serait de moins de cinq centimes; mais, parce que la maturation de ces végétaux va se passer, le temps presse, ou ce serait pour l'année prochaine.

» Pour la saison d'hiver, ce ne serait pas tous les mêmes végétaux. La boisson pourrait se composer dans chaque chambre militaire ou par compagnie; la préparation en est des plus faciles. Si le gouvernement le désire, je donnerai les moyens que d'ici à deux ans tous ces végétaux se trouveraient abondamment sur les murs, remparts, bastions, et dans les fossés. Il n'en coûterait rien au gouvernement. Un officier de santé attaché au régiment, avec quelques leçons de botanique, indiquant la propriété des plantes, et aidé des militaires, pourrait en faire la moisson, et les faire sécher dans des greniers de la caserne; ce serait une riche occasion de distraction pour les militaires, d'apprendre la connaissance des plantes et leur propriété pour servir à l'usage des hommes et des animaux.

» Voilà, monsieur le ministre, les moyens que j'ai l'honneur de vous proposer, et que je suis prêt à mettre en évidence, si vous le jugez convenable.

» Recevez, monsieur le ministre, etc., etc., etc.

» DEHAUT. »

17 juin.

On va voir, par la réponse à cette lettre, comme M. le ministre de la guerre est un homme grand, grand, grand économiste, qu'il ne recule pas devant d'énormes sommes pour entretenir la bonne santé aux défenseurs de la patrie.

» A M. DEHAUT père, *rue du Faubourg-Saint-Denis*, n° 156, *à Paris*.

» Paris, le 26 juin 1847.

» Vous m'avez écrit, Monsieur, le 17 juin courant, relativement à une nouvelle boisson dont vous êtes l'inventeur, et que vous me proposez pour l'usage des troupes. Il n'existe, dites-vous, dans sa composition, que des végétaux indigènes; elle fortifie l'estomac, a la couleur de la bière et peut en avoir le goût; sa préparation est très facile, et son prix de revient ne dépasserait pas 5 centimes le litre.

» Une boisson analogue, sous le double rapport du but et des résultats, mais qui ne coûte que 1 centime le litre, est, dans ce moment, en essai dans l'armée. L'inventeur n'a point fait un secret de sa composition, et elle a, par conséquent, été portée gratuitement à la connaissance des troupes.

» En conséquence, je ne juge pas qu'il y ait lieu de donner suite à votre proposition, d'autant plus que votre boisson coûterait, par litre, 4 centimes de plus que celle qui est en essai.

» Je vous remercie toutefois de votre communication.

» J'ai l'honneur de vous saluer.

» *Le Pair de France,*

» *Ministre Secrétaire d'État de la guerre,*

» TREZEL. »

Avis aux amateurs qui désireraient profiter de la boisson économique de M. le ministre de la guerre : nous croyons pouvoir assurer que la recette est un litre d'eau-de-vie en cent litres d'eau.

Ce mémoire a été présenté au Roi, sauf la réponse du ministre, le 22 juin dernier, et cette lettre, qui lui a été adressée le 30 dudit mois, est restée sans réponse :

SIRE,

J'ai osé, le 21 du mois de juin, vous faire parvenir un Mémoire ayant pour titre : *Seul Moyen*, etc., dans lequel je propose des moyens sûrs d'anéantir à jamais la cherté des vivres. Bien convaincu de votre amour pour l'humanité, je suis tenté de croire qu'il ne vous a point été remis, puisque je n'ai pas eu l'honneur de recevoir de réponse à ce sujet. C'est pourquoi je prends la hardiesse de vous écrire pour vous en informer directement.

Si je suis assez heureux pour que vous ayez la bonté de le lire, et que vous vouliez m'accorder votre bienveillante protection, bien qu'à la fin du mémoire, je vous aie demandé de vouloir bien concourir à la dépense de l'impression à cent mille exemplaires, je suis si certain du bonheur que cela pourra vous procurer, que je suis décidé à en faire seul la dépense, si vous voulez m'en donner votre approbation.

« Recevez, monsieur le ministre, etc., etc., etc.

« DEHAUT,
« faubourg Saint-Denis, 156. »

Paris. — Imprimerie de Wittersheim, rue Montmorency, 8.

www.ingramcontent.com/pod-product-compliance
Ingram Content Group UK Ltd.
Pitfield, Milton Keynes, MK11 3LW, UK
UKHW021203230726
13926UKWH00001B/273